Verena Löhr

Das mittelhochdeutsche Handwörterbuch von Matthias Lexer

GRIN Verlag

Bibliografische Information der Deutschen Nationalbibliothek:

Die Deutsche Bibliothek verzeichnet diese Publikation in der Deutschen National-
bibliografie; detaillierte bibliografische Daten sind im Internet über http://dnb.d-
nb.de/ abrufbar.

Impressum:

Copyright © 2013 GRIN Verlag GmbH
Druck und Bindung: Books on Demand GmbH, Norderstedt Germany
ISBN: 978-3-656-52463-2

GRIN - Your knowledge has value

Der GRIN Verlag publiziert seit 1998 wissenschaftliche Arbeiten von Studenten, Hochschullehrern und anderen Akademikern als eBook und gedrucktes Buch. Die Verlagswebsite www.grin.com ist die ideale Plattform zur Veröffentlichung von Hausarbeiten, Abschlussarbeiten, wissenschaftlichen Aufsätzen, Dissertationen und Fachbüchern.

Besuchen Sie uns im Internet:

http://www.grin.com/

http://www.facebook.com/grincom

http://www.twitter.com/grin_com

Das Mittelhochdeutsche Wörterbuch von Matthias Lexer

Das Mittelhochdeutsche Handwörterbuch im Nachdruck von 1974[1]:

Das Cover ist komplett dunkelrot und ein Hardcover. Das Handwörterbuch von 1974 besteht aus drei Bänden: Band I befasst sich mit den Stichwörtern von A-M, Band II mit N-U und Band III mit den Begriffen von V/F-Z inklusive den Nachträgen. Der erste Teil beinhaltet ein Extraheft „Berichtigungen zu Band I-III" von 8 Seiten (→ Bsp.: Sp. 100 Bd. I aschman bedeutet „Bootsknecht"). Zu Beginn des Handwörterbuches hat Mathias Lexer 1872 ein Vorwort verfasst, worin Lexer darauf hinweist, dass er die mittelhochdeutsche Sprache in vollem Umfang darstellen will. Dazu müsste man eigentlich alle mittelhochdeutschen Quellen noch einmal sichten, aber da dies unmöglich ist, habe er drei Exemplare des Ziemannschen und ein Band des mittelhochdeutschen Wörterbuchs von Wilhelm Grimm mit zahlreichen Nachträgen gesichtet, aus denen viele Belege gezogen werden konnten.

Nach dem Vorwort folgt ein Quellen- und Hilfsmittelverzeichnis. Hier werden alle Quellen mit den jeweiligen Kürzeln aufgelistet, die hinterher bei den Wörterbuchartikeln wieder vermerkt sind (→ Bsp.: „AB" = Altdeutsche Blätter von M. Haupt und H. Hoffmann. Leipzig 1836-40. 2 Bände (W. Grimm, K. Hildebrand). Im Anschluss daran befindet sich eine Liste mit anderen Abkürzungen wie Grammatischen Abkürzungen oder Wortkürzeln (→ Bsp.: altlat. = altlatein; abl. = Ablativ, Ablaut).

Es folgt die Tabelle für die starken Verben. Hier unterteilt Lexer in ablautende Verba (I,1= präs. i, prät. a, prät.pl. â, partic. e) und reduplizierende Verba (II = präs. ei, prät. ie, prät.pl. ie, partic. ei).

Nun folgt der Beginn der Wörterbuchartikel. Bei Band I also Wörter mit den Anfangsbuchstaben A bis M. Der erste Eintrag ist hier: „a" = Laut und Buchstabe a (I.1) vgl. Mart. 120, 109 Reinh. 336,1219; umgelautet e,ä; mundartl. steht es auch für e,o s. Weinh. bair. gr. § 4ff. Der letzte Eintrag in Band I ist das Wort „muzzen-sun": „muzzen-sun" stm. (II. 281, 32) hurensohn Ausbr. (W. 196) vgl. Schm.2, 635, Birl. 340b. Das Werk umfasst insgesamt 2262 Spalten, aber es gibt keine Zählung nach Seitenzahlten.

Das Mittelhochdeutsche Handwörterbuch im Nachdruck von 1992²:

Das Cover des Nachdrucks von 1992 ist weiß-rot und ein Softcover. Im Gegensatz zu dem Nachdruck von 1974 enthält es ein Inhaltsverzeichnis, in dem darauf hingewiesen wird, dass es sich hierbei um eine Studienausgabe handelt, aber ein unveränderter Nachdruck des Hauptwerkes ist.

Es folgt das Kapitel: „Das Mittelhochdeutsche Handwörterbuch von Matthias Lexer". Hier erfährt der Leser etwas zur Biographie Lexers und zur Entstehungsgeschichte seines Handbuches. Außerdem werden die drei Hauptaufgaben des mittelhochdeutschen Handwörterbuchs genannt.

Im Anschluss daran findet sich eine Erläuterung zum Lemmaansatz. Hier wird erklärt, wie abweichende Schreibungen und Formen wie beispielsweise das Niederdeutsche berücksichtigt und vertreten werden, z.B. „Schw.-" siehe „sw.-" oder „lîf" siehe „lîp".

Weitere, kürzere Kapitel beschäftigen sich mit der Alphabetisierung, den grammatischen Angaben wie beispielsweise den Ablautreihen, der Indexfunktion, dem Bedeutungsteil und den übrigen Artikelteilen sowie mit dem Zuwachs an neuem Wortschaft und den Nachträgen.

Außerdem bietet Lexer ein Kapitel „Zur gegenwärtigen Situation der mittelhochdeutschen Lexikographie". Hier wird das rückläufige Wörterbuch zur mittelhochdeutschen Sprache thematisiert sowie der neuhochdeutsche Index zum mittelhochdeutschen Wortschatz. Außerdem geht Lexer auf das Trierer Findebuch sowie auf ein kommentiertes Quellenverzeichnis ein.

Nun bezieht sich die Ausgabe von 1992 direkt auf den Vorgänger von 1973, indem Berichtigungen zu Band I bis III und den Nachträgen gemacht werden. Dabei wird auch auf das Extraheft im älteren Nachdruck hingewiesen. Im Folgenden werden die Berichtigungen abgedruckt.

Im Anschluss daran ist die Ausgabe von 1992 bis zum Ende der Tabelle für starke Verben mit dem älteren Nachdruck identisch.

Anschließend folgt ein Register der Quellensiglen der Quellenverzeichnisse zu Bd. II und Bd. III. Im Folgenden ist diese Ausgabe wieder identisch mit dem älteren Nachdruck. Der Artikelteil von Band II beinhaltet insgesamt 2046 Spalten, der Artikelteil von Band III insgesamt 1226 Spalten. Die Nachträge zu allen Buchstaben umfassen insgesamt 406 Spalten.

Mittelhochdeutsches Taschenwörterbuch von 1992, 38. unveränderte Auflage[3]:

Das mittelhochdeutsche Taschenwörterbuch von 1992 beginnt mit Vorbemerkungen des Verlages, die einen Überblick über alle Veränderungen der veröffentlichten Ausgaben bieten. Die dritte Auflage von 1885 beinhaltet eine Vervollständigung des Wortverzeichnisses. Die 19. Auflage von 1930 hat einige Versehen beseitigt, neue Lemmata aufgeführt und eine Zusammenfassung von Wörtern durchgeführt. Die 29. Auflage von 1959 hat einen Anhang mit Nachträgen, welcher in der 34. Auflage von 1974 überarbeitet wurde.

Im Anschluss an die Vorbemerkungen folgen Listen mit Abkürzungen und Tabellen der starken Verba.

Der Artikelteil umfasst Begriffe von „â" bis „cyplîne". Die Unterteilung erfolgt durch Seitenzahlen, wodurch das Taschenwörterbuch insgesamt 343 Seiten aufweist.

Insgesamt sind die Artikel im Vergleich zum großen Handwörterbuch übersichtlicher, indem beispielsweise Mehrfachbedeutungen durchnummeriert sind.

Nach dem Artikelteil kommen Berichtigungen zum unveränderten Neudruck des Hauptteils (z.B. „â-keit" ganzen Artikel streichen!).

Am Ende des Taschenwörterbuches steht ein Nachtrag zum mittelhochdeutschen Taschenwörterbuch von Ulrich Pretzel. Das Ziel des Taschenbuches sei nach Pretzel, den umfangreichen mittelhochdeutschen Wortschatz allen zugänglich zu machen.

Somit umfasst der Artikelteil insgesamt 504 Seiten, im Anschluss daran finden sich die Berichtigungen zu den Nachträgen.

Online-Mittelhochdeutsches Handwörterbuch durch die Universität Trier, 2011[4]:

Das Online-Handwörterbuch umfasst alle Vorworte der drei Bände sowie die Einleitung zum Nachdruck und das Kapitel „Zur gegenwärtigen Situation der mittelhochdeutschen Lexikographie". Die Onlinefunktion beinhaltet das vollständige Wörterbuch samt Suchfunktion. Alle Einträge online sind mit dem Buch identisch. Außerdem gibt es Verweise auf eventuelle Nachträge im Lexer oder es verweist auf Einträge zu dem gesuchten Wort in einem anderen Wörterbuch. Auch die Nachträge sind vollständig und mit einer Suchfunktion versehen. An dieser Stelle wird auf den entsprechenden Eintrag im Lexer-Hauptteil und auf Einträge in anderen

Wörterbüchern hingewiesen. Wie im Buch, sind auch online bei allen Artikeleinträgen die korrekten Quellenverweise angegeben.

Literaturangaben:

[1]Lexer, Matthias: Mittelhochdeutsches Handwörterbuch. Zugleich als Supplement und alphabetischer Index zum Mittelhochdeutschen Wörterbuch von Benecke-Müller-Zarncke. Reprografischer Nachdruck der Ausgabe Leipzig 1872. Bd. 1 A-M. (1869-1872). S. Hirzel Verlag, Stuttgart 1974.

[2]Lexer, Matthias: Mittelhochdeutsches Handwörterbuch. Nachdruck der Ausgabe Leipzig 1872-1878. Bd. 1 A-M. S. Hirzel wissenschaftliche Verlagsgesellschaft, Stuttgart 1992.

[3]Lexer, Matthias: Mittelhochdeutsches Taschenwörterbuch. Mit den Nachträgen von Ulrich Pretzel. 38. Unveränderte Auflage. S. Hirzel wissenschaftliche Verlagsgesellschaft, Stuttgart 1992.

[4]www.woerterbuchnetz.de/Lexer/ [Stand: 02.05.13, 16:30 Uhr].